의인을 찾아서

예수 시대 역사 스릴러

의인을 찾아서

글·밑그림 김민석
펜·채색 마빈

Holy
WavePlus

차례

작가의 말 - 6

01 갈릴리에서 온 마차 - 13

02 로데의 행방 - 39

03 힌놈의 골짜기 아래에서 - 63

04 범행의 흔적들 - 95

05 회계장 토비아에 대한 가야바의 증언 - 127

06 공범 - 159

07 헤롯 안디바의 목적 - 181

08 토비아 아내의 증언 - 215

09 세례자 요한 - 245

10 아브라함의 아들 여호수아 - 273

11 임마누엘 - 299

12 아몬드꽃 - 323

13 예수 대신 풀려난 죄수 - 351

작가의 말

3년 전쯤부터 개인적으로 복음서에 대한 관심이 많아졌다. 1세기에 예수를 따르던 제자들이 보고 들은 것들을 나도 가능한 만큼 비슷하게 경험해보고 싶었다. 그리스도인으로서 내가 예수를 제대로 알고 있는지, 또한 그를 제대로 따르고 있는지에 대한 진지한 의구심이 생겼기 때문이다. 그래서 복음서를 연구한 신학 서적들을 탐독하며 학자들이 추적한 1세기의 역사적·문화적 정황들을 열심히 섭렵해갔다. 그 과정에서 『마가복음 뒷조사』(새물결플러스)라는 신학 만화를 그려내기도 했다. 하지만 텍스트만으로는 당시의 상황들이 입체적으로 그려지지 않았다. 비유하자면 흐릿한 흑백 사진 몇 장은 얻을 수 있었지만, 당시의 삶의 정황들이 영상으로 재생되진 않았다. 다른 이들은 복음서의 정황을 어떻게 상상했을지 궁금해서, 복음서를 다루거나 예수가 사셨던 시대를 다룬 영화나 드라마 등을 거의 놓치지 않고 챙겨 보았지만 크게 도움이 된 작품은 없었다. 특히 복음서의 본문 구절을 그대로 가져다 대사로 쓴 작품들은 대부분 대사가 극의 진행과 괴리된 채로 붕 떠서, 영상을 보고 있음에도 텍스트를 읽을 때와 별반 다를 바 없는 느낌을 주었다. 결국 1세기에 대한 현장감 있는 이야기에 더 갈급해졌고, 어느새 나는 주제넘게 직접 이야기를 쓰기 시작했다. 그렇게 『의인을 찾아서』가 시작되었다.

솔직히 작품을 시작하고 나서 몇 번이나 후회했는지 모른다. 배경 무대와 인물들을 연출해가기가 너무, 너무, 너무 어려웠기 때문이다. 왜 1세기 팔

레스타인 땅을 배경으로 했던 작품들 가운데 감탄할 만한 작품을 찾기가 어려웠는지 그제야 이해가 가기 시작했다. 유대와 갈릴리에 대한 역사적인 자료들은 동시대의 로마에 대한 자료에 비해 턱없이 적었다. 그들은 식탁에서 주로 뭘 먹었을까? 요리하는 주방과 식기구들은 어떻게 생겼을까? 잠은 침대에서 잤을까, 카펫 위에서 잤을까? 예루살렘이나 갈릴리 도시에도 술집은 있었겠지? 예루살렘 골목길엔 어떤 쓰레기들이 많이 널려 있었을까? 노는 날엔 주로 뭘 하고 놀았을까? 아이들의 놀이는? 로마 군병 말고, 헤롯이나 성전의 경비대는 어떤 복장과 무기를 갖고 있었을까? 이렇게 모르는 게 너무 많다 보니, 그 당시 팔레스타인에서 살던 사람들이 일상에서 공감했을 만한 대화를 자연스럽게 구성한다는 것은 거의 불가능하게 느껴졌다. 그럼에도 얼마간 훌륭한 자료들, 그리고 작품을 진행하던 중에 우연히 발견한 몇몇 다른 작품들을 통한 영감 덕분에 거의 수혈을 받다시피 하면서 이 작품을 끝까지 밀고 나갈 수 있었다.

우선은 요세푸스의 『요세푸스 Ⅱ: 유대 고대사』와 『요세푸스 Ⅲ: 유대 전쟁사』(생명의말씀사), 그리고 신약성경의 마가복음과 누가복음, 마태복음을 통해 큼직한 역사 무대를 설정할 수 있었다. 이 작품은 픽션이지만 예수 대신 풀려난 죄수 이야기는 복음서의 짤막한 언급을 기반으로 했으며, 로마 황제를 향한 충성 맹세를 거부한 바리새인들에게 헤롯 대왕이 보인 잔학한 행동, 헤롯 안디바가 왕으로 승인받기 위해 로마에 지속적으로 로비를 했던 것, 빌라도가 예루살렘 성전 금고의 돈을 갈취해서 수로 건설 비용으로 쓴 사건, 그것으로 인해 항의하러 모인 유대인들을 빌라도가 사복 입힌 로마군을 통해 학살한 사건은 요세푸스의 기록을 바탕으로 했다. 조엘 B. 그린, 스캇 맥나이트, 하워드 마샬이 편집한 『예수 복음서 사전』(요단), N. T. 라이트의 『신약성서와 하나님의 백성』(크리스천다이제스트)에 수록된 연구들도 귀중한 도움이 되었다. 또한 토스카 리의 소설 『유다』(홍성사), 앤 라이스의 소설 『영 메시아』(포이에마)는 복음서를 기반으로 한 픽션 역사물이 어떠해야 하는지에 대한 멋진 모델이 되어주었고, 내게 좋은 영감과 자신감을 선사해주었다(흥미롭게도 앤 라이스는 무신론자였는데, 신약학자인 리처드 보컴, 래리 허타도, N. T. 라이트의 저술들을 읽으며 복음서에 흥미를 느끼고 결국 예수를 자신의 삶의 중심으로 모시게 되었다고 한다).

이 작품은 2015년 8월부터 "에끌툰"에서 연재되다가 중간에 긴 휴재 기간을 가지고, 2017년 6월에야 마무리된 웹툰을 엮은 것이다. 예상보다 길어진 연재 기간 내내 함께해주고, 마지막 화까지 응원을 아끼지 않은 모든 독자 여러분께 먼저 감사드린다. 그리고 출판사의 한 공간을 웹툰 작가들의 작업 공간으로 내어주고, 작품을 책으로 출간해준 새물결플러스의 김요한 대표님께 깊이 감사드린다. 또한 이 작품을 책으로 엮는 데 큰 수고를 해준 송미현 디자이너님, 이재희 디자이너님, 정인철 팀장님, 늘 도움을 주는 임성배 과장님과 최경환 연구원님께도 감사의 인사를 전한다. 언제나 내 작업을 응원하고 기도해주는 부모님께 특히 감사드리며, 항상 큰 힘이 되어주는 아내 안정혜 작가에게도 마음을 담아 고마움을 전한다. 마지막으로 쉽지 않은 이 작품의 작화를 끝까지 감당해내며 함께해준 마빈 작가에게 진심으로 고맙다는 말을 전하고 싶다. 나 혼자 시도했다면 이 작품은 세상에 나오지 못했을 것이다.

제목은 『의인을 찾아서』이지만, 사실 이 만화를 펼친 독자분들은 등장인물 소개만 보아도 누가 의인인지 곧바로 짐작할 수 있을 것이다. 그러니 이 만화는 의인을 찾는다기보다는, 그리스도인들이 믿는 그 한 분이 어떤 맥락과 의미에서 의로우셨는지를 찾아가는 과정일 수도 있겠다. 열려 있는 이 작품의 결말을 통해, 독자분들께서 각자 느끼고 찾을 것들이 살짝 궁금해진다.

2017. 7. 4.
김민석

주요등장인물

여호수아
분봉왕 헤롯 안디바의 왕실에 속한 갈릴리 감찰단의 대장. 갈릴리 토박이로, 갈릴리 지역의 전반적인 치안을 담당하는 경찰이다. 냉정하고 빠른 판단력을 지녔으며, 딸과 관련된 뜻하지 않은 사건에 휘말리게 된다.

마르쿠스
여호수아와 함께 갈릴리 감찰단에 소속된 경찰. 안디옥 출신의 수리아인이며, 헤롯 안디바에 의해 용병으로 고용되었다. 여호수아를 잘 따르며, 누구에게나 솔직하고 직설적이다.

로데
여호수아의 외동딸. 어려서부터 히브리 성경에 관심이 많았으며, 특히 예언서가 그리는 '하나님께서 다스리시는 나라'의 이상에 대한 소망이 가득하다.

미리암
갈릴리 티베리아스에서 염장 생선을 만들어 판매하는 상인이자, 여호수아의 아내. 장사 수완이 좋으며, 적극적이고 꼼꼼하다.

야킴

예루살렘의 시장 검사관. 시장에서 유통되는 상품들을 검수하고, 가격을 결정하는 등의 일을 한다. 아버지가 유대 재무관료인 덕에 어린 나이에 비중 있는 직책을 맡게 되었다. 로데와 결혼하고 싶어 한다.

헤롯 안디바

헤롯 대왕의 아들이자, 갈릴리와 페레아 지역의 통치를 맡은 분봉왕. 예루살렘과 유대 지역을 로마 직할 총독인 빌라도가 맡고 있는 것에 대해 못마땅하게 여기며, 자신의 아버지처럼 이스라엘 전체를 다스리는 진짜 왕이 되기 위해 로마 황제로부터 인정받고 싶어 한다.

가야바

예루살렘의 현직 대제사장. 성전을 통한 수익 사업에 온 정신을 집중하는 그의 장인인 전임 대제사장 안나스를 충실히 따르며, 재산을 축적해간다. 빌라도와 유대 백성들 사이에서 적절한 정치력을 발휘하며 처신한다.

예수

나사렛에서 자라난 유대인 청년. 갈릴리와 유대 곳곳에서 치유와 축귀 등의 여러 표적을 행하며 '하나님께서 다스리시는 나라'를 전파한다. 로마 제국에서 정치적 반역자들에게 내리는 형벌인 십자가형에 처해진다.

01

갈릴리에서 온 마차

기원후 30년, 예루살렘

현재 갈릴리 감찰단은 주로 중산층의 은밀한 범죄 행각들을 잡아내는 일에 주력하고 있다.

나왔나 봐봐.

음…

로마 총독이 유대에 파견되기 시작한 이후로는 반역자들이 거의 사라졌기 때문이다.

없습니다. 멀었나 보네요.

수리아 안디옥 출신인 나는 그런 평화로운 시기에 갈릴리의 통치자 헤롯 안디바*에 의해 용병으로 뽑혀왔다.

잘~생겼네.

그러고 보면 저는 참 좋~은 시절에 온 것 같습니다!

……

• 헤롯 안디바: 헤롯 대왕의 아들. 예수의 공생애 당시에 갈릴리와 페레아의 통치자였다.

• 고르반: '하나님께 바친 예물'이라는 의미의 아람어

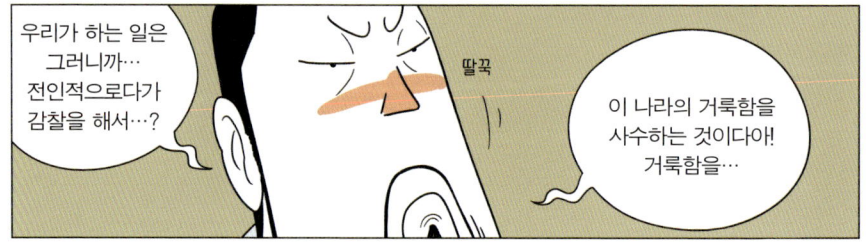

여호수아 대장의 아내 미리암 부인은 티베리아스에서 염장 생선을 판다. 예루살렘 시장에서도 꽤 인기가 좋아서, 정기적으로 거래를 하러 예루살렘에 오곤 했다.

딸인 로데도 장사를 배우러 가끔 함께 왔는데, 미리암의 눈에 이 잘 생기고 부유한 청년 야킴이 로데의 신랑감으로 찍히면서부터는 상당히 자주 데려왔다고 한다.

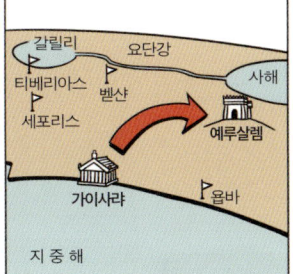

02

로데의 행방

로데…
로데…

아둘람

여기가 아둘람?
그냥 성읍이잖아?
동굴이 어딨어?

저… 말씀 좀
여쭙겠습니다.

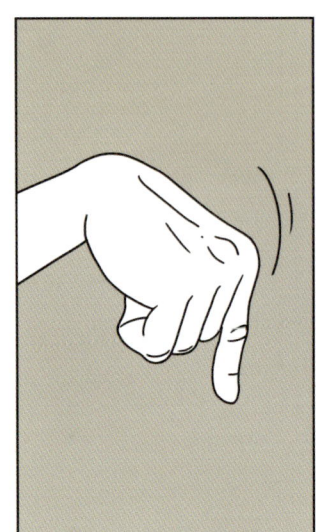

03

힌놈의 골짜기
아래에서

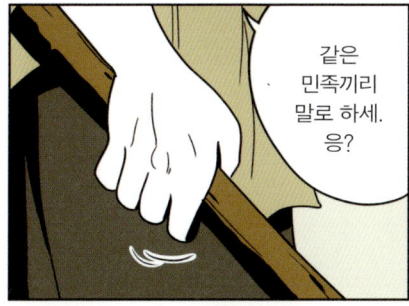

• 게헨나: 신약성경에서 주로 '지옥'으로 번역된 그리스어

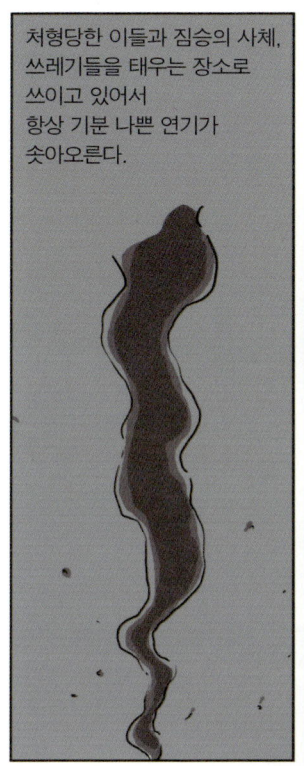

그날은
온 예루살렘에 흑암과 슬픔이
가득 찬 것처럼 느껴졌다.

04

범행의 흔적들

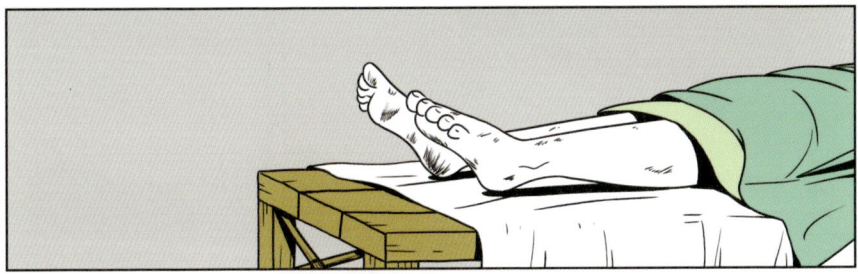

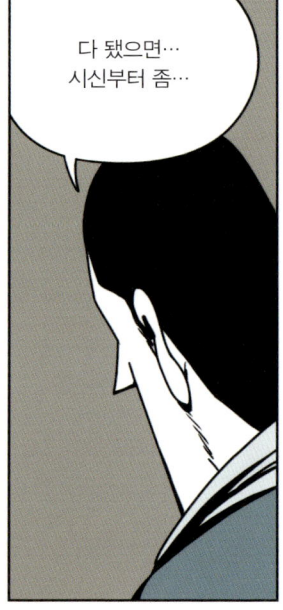

유대인들은, 보통은 장례 후 30일간 애도 기간을 갖는다.

로데의 장례식과 매장 절차는 시신이 부패될 위험이 있어서 티베리아스까지 가서 할 순 없었고, 모두 예루살렘에서 치르게 되었다.

우리의 직속 상관이자, 갈릴리의 통치자인 헤롯 안디바는 로데의 장례를 위해 값비싼 나드*를 보내왔다.

안디바는 원래 여호수아 대장을 각별히 아꼈기에, 별로 놀라울 것도 없는 일이었다.

아, 그리고 장례를 마치면 마케루스 요새로 들르라고 하셨습니다.

• 나드: 고가의 향유로 장례 시에 시신의 방부 처리를 위해 사용되기도 했다.

사해 동편,
마케루스 요새*

많이 힘들지?

• 마케루스(Machaerus) 요새: 사해 동쪽 산언덕 꼭대기에 건축한 요새. 헤롯 대왕이 재건했으며, 세례자 요한이 이곳에서 참수된다.

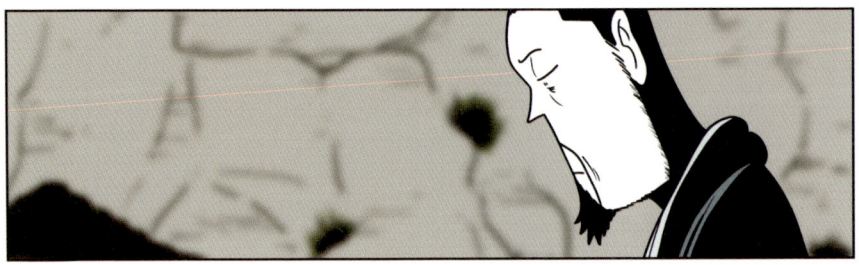

나는 로데를 발견했던 곳을 지나서…

생선통들 내부를 좀 살펴봤는데… 평소와는 좀 달랐어.

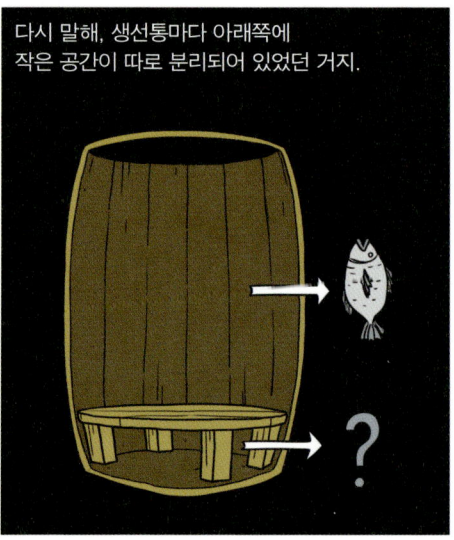

이제 나와도 돼.

아까 들었냐? 여호수아 그 자식이 사건 자기가 맡는단다.

그놈도 참…

아…

안나스 가문의 회계장
토비아였다.

이쯤에서, 안나스 가문의 사업에 대해
잠깐 설명해두어야겠다.
일단, 유대교의 특성상 모든 종교의식은
'예루살렘 성전' 한곳에 집중되어 있다.

그래서 유대에 있든, 갈릴리나 베레아에 있든,
로마 세계 어느 지역에 흩어져 사는
유대인일지라도 절기에는
예루살렘이라는 한 도시에 몰려든다.

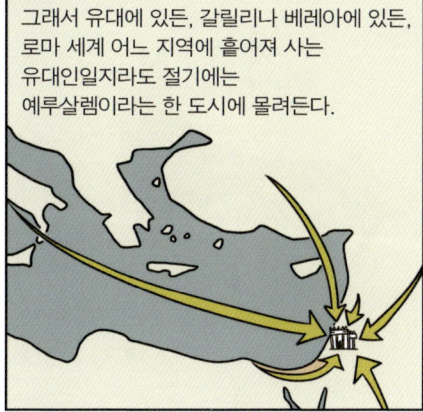

안나스 가문은, 이렇게 멀리서 온 이들을 위해
제사에 쓸 각종 가축을 판매했고, 외국 돈을
높은 수수료를 받고 환전해주었다.

결국 안나스 가문의 사업은 수익 규모가
엄청날 수밖에 없었다. 토비아는
그런 큰돈을 다루는 회계장이었다.

못 봤으면 상관없겠고, 봤다면 이미 도망가고 있겠지. 그치 마르쿠스?

05

회계장 토비아에 대한 가야바의 증언

• 안나스: 기원후 6년에서 15년까지 대제사장직을 맡았고, 면직 이후에도 계속해서 막강한 영향력을 행사했다.

• 가야바: 극중 현재 대제사장이자 안나스의 사위. 꽤 오랜 기간 대제사장직을 맡았다(기원후 18-36년).

 In search of the righteous

06

공범

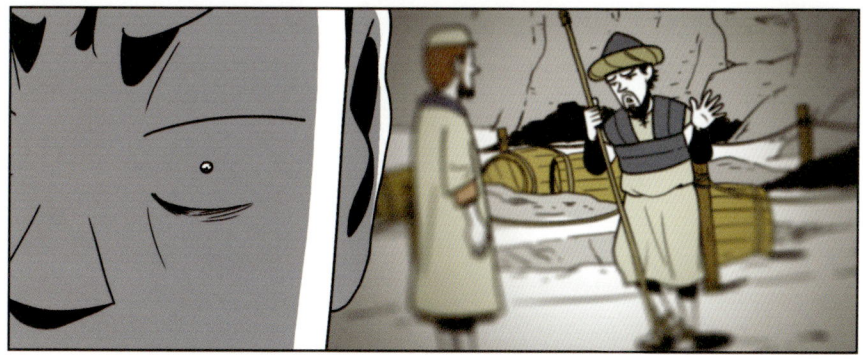

• 똥문(분문, Dung Gate): 예루살렘 성안의 오물, 성전의 쓰레기를 버리기 위해 출입했던, 남쪽에 위치한 성문

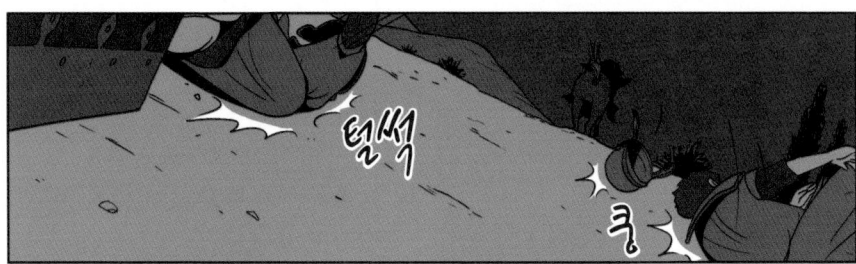

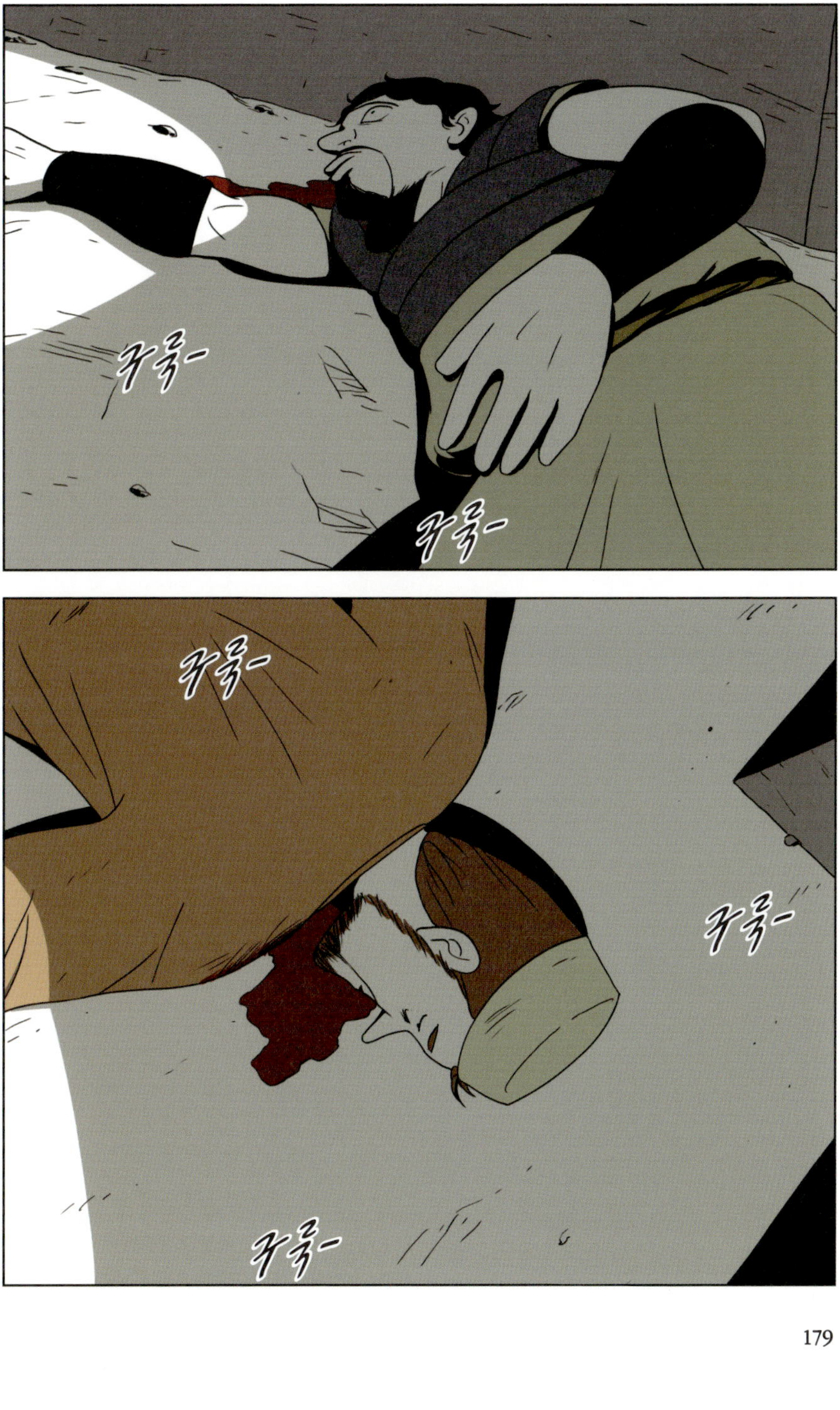

07

헤롯 안디바의
목적

우리는 안디바를 만나러 마케루스 요새로 가는 길에서
수로 건설 현장을 보게 되었다.

빌라도가 결국
큰 일을 벌이나
보네요.

어?
저놈은….

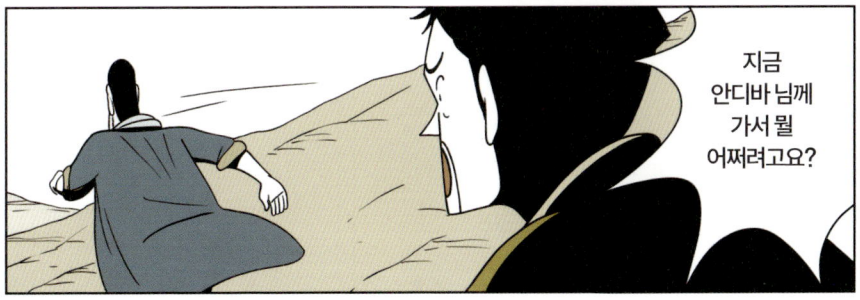

그걸 이해 못 할 바는 아니지만…
나는 왠지 불안했다.

사해 동편, 마케루스 요새

궁금한 거 다 물어봐라.

아…

묻기 좀 부담스러운가 보구나?

08

토비아 아내의
증언

더 이상 돌이킬 수 없는
어떤 지점을 지나고 있었다.

그리고…

우린 둘러싸였다.

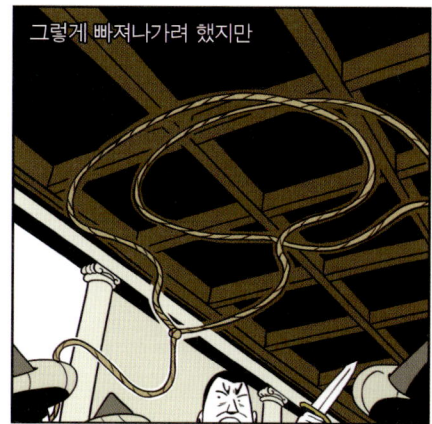

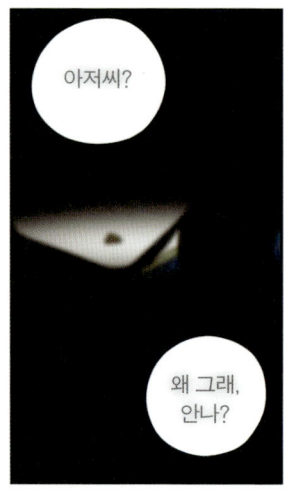

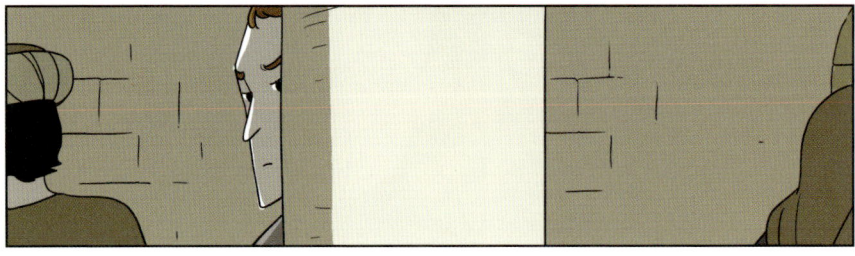

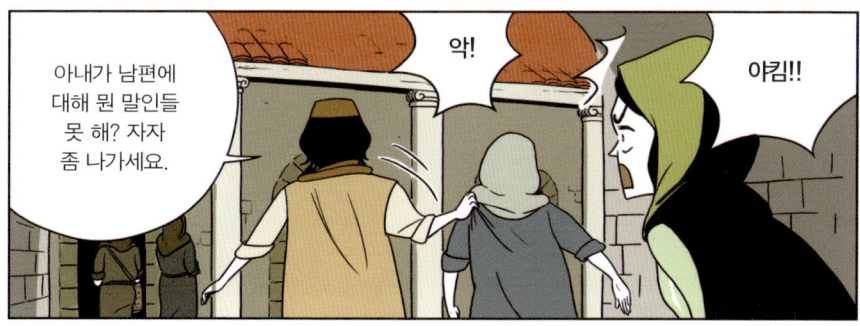

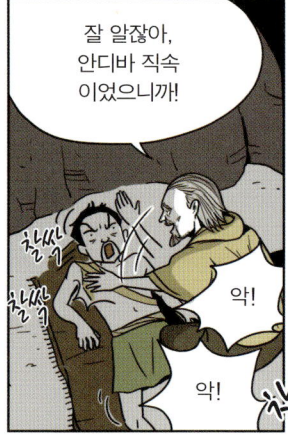

09

세례자
요한

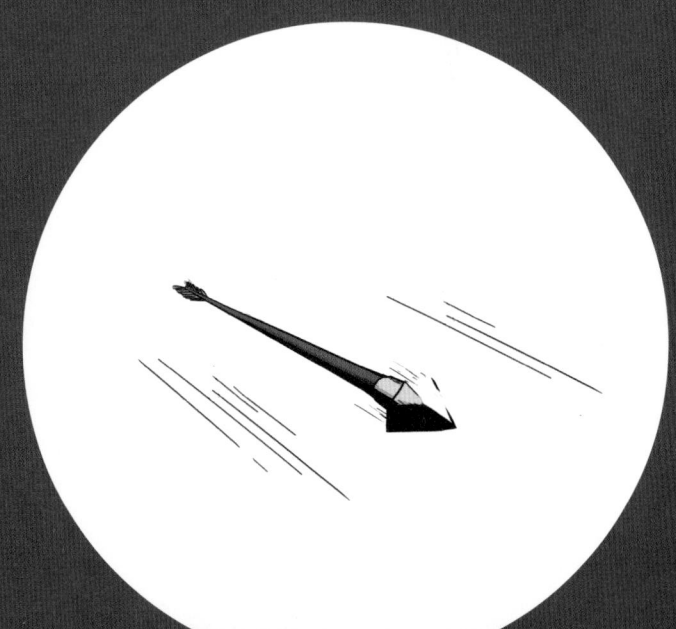

• 요세푸스, 『요세푸스 II: 유대 고대사』(생명의말씀사, 1995) 17권 3장, 438.

…알겠습니다.

끄아아아악

그렇게…
황제에 대한 충성 맹세 거부를 주도한 바리새인들이 처형당한 일 아닙니까?

그렇죠…
그런데,

그들 중에, 헤롯이 일종의 수치스러운 본보기로 삼으려고, 한쪽 눈만 파낸 채 살려보낸 자가 있었거든요.

아…
그자가…

지금 로마 제국의 전권은 근위대장 세자누스에게 맡겨져 있었다.

티베리우스 황제가 정치에 환멸을 느끼고, 카프리섬으로 잠적해버린 탓이다.

이런 상황에서 실세 세자누스에 의해 유대로 파견된 총독이 바로 빌라도였다.

유대인들을 즐겨 탄압했던 세자누스였기에, 빌라도 역시 유대인들을 함부로 대했다. 그 정도가 역대 유대 총독들 중에서 가장 심했다.

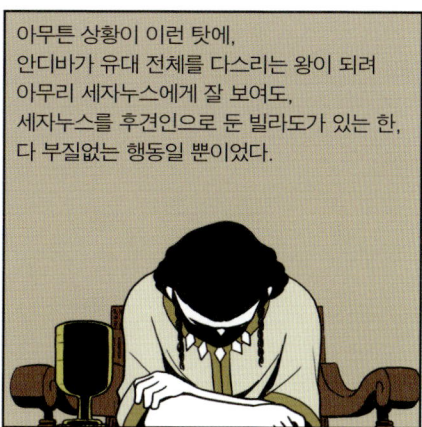

• 아켈라오(Archelaus): 유대와 사마리아 지역을 다스리는 분봉왕이었으나, 유대인들을 폭력으로 진압해 분봉왕직을 박탈당했다. 그 때문에 유대 지역에는 로마 직할 총독이 파견되기 시작했다.

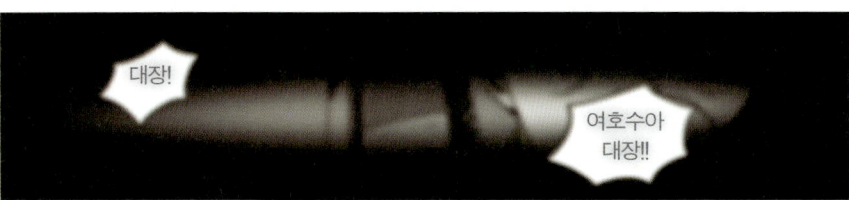

 In search of the righteous

10

아브라함의 아들
여호수아

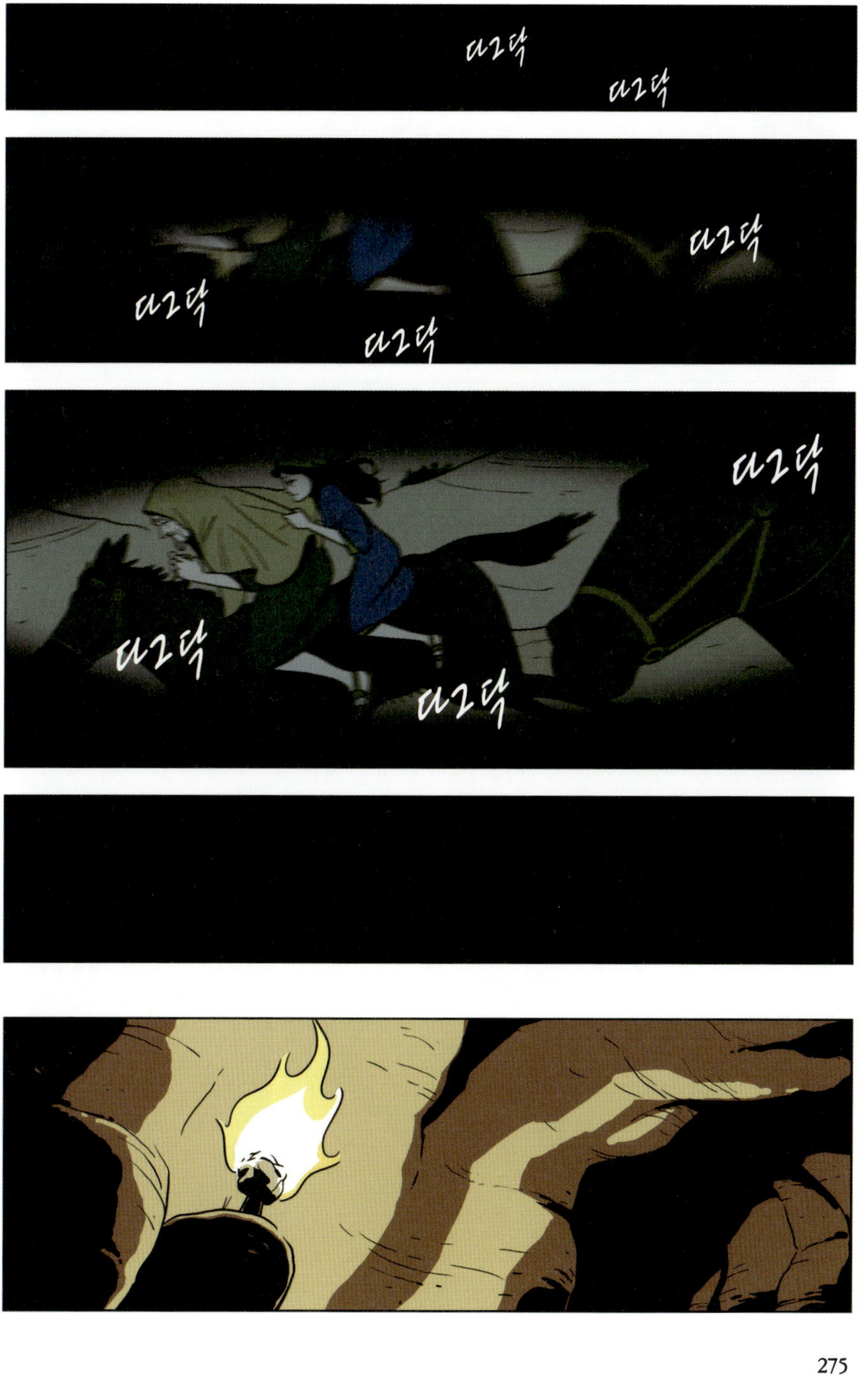

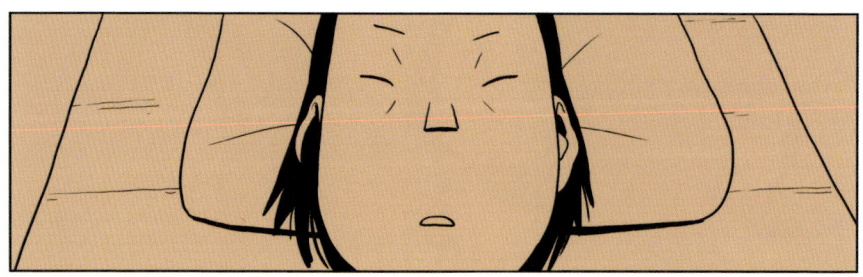

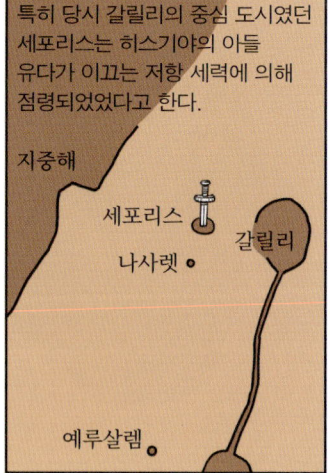

• 요세푸스, 『요세푸스 III: 유대 전쟁사』(생명의말씀사, 2000) 2권 4장, 185-186.

"가족을 지키자."

나한텐…

예루살렘

응?

11

임마누엘

그리고 로데의 죽음에 관한 진실을
완전히 밝히기 위해
다시 예루살렘으로 향했다.

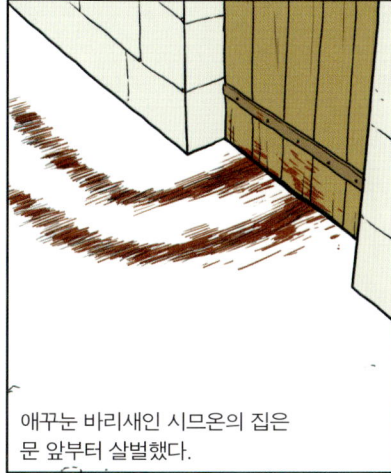

애꾸눈 바리새인 시므온의 집은
문 앞부터 살벌했다.

뭐… 일단 다행스럽게도

* 유다 마카비: 유대인들이 그리스의 셀레우코스 왕조의 통치하에 있던 시절, 안티오쿠스 에피파네스 왕은 유대인들의 율법 준수를 금하고, 그리스의 종교 의식을 강요하며 박해했다. 이 때문에 유대인들의 저항이 시작되어, 기원전 164년 유다 마카비가 이끄는 군대가 예루살렘을 점령했다.

12

아몬드꽃

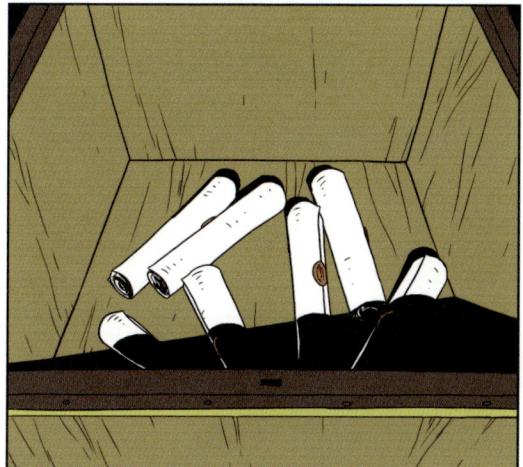

• 파트로네스와 클리엔테스: 로마 제국에서 파트로네스는 보통 유력한 가문을 뜻하고, 클리엔테스는 그 가문에 신세 지거나, 주종 관계를 맺은 사람을 뜻한다.

우리는 야킴이 미리암 부인에게
마련해주었던 그 숙소에 다시 모여서

사건을 정리해보았다.

그러니까아…

빌라도는 안디바가 계속 불법으로
거금을 몰래 환전해가는 걸
누군가를 통해 알게 되었던 거고…

마침 수로 건설 같은 거로
돈이 많이 필요했으니, 그 돈을 중간에
먹어야겠다… 생각했겠죠?

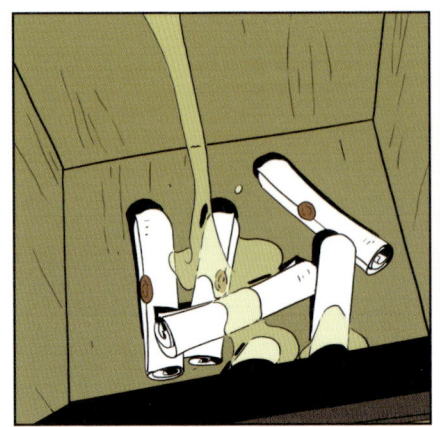

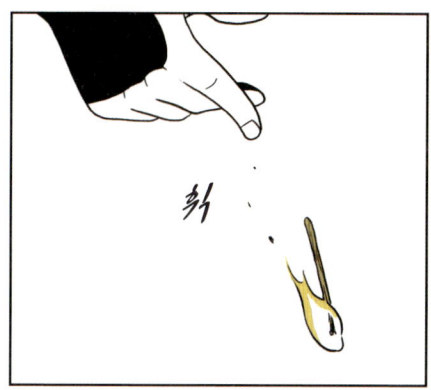

In search of the righteous

13

예수 대신 풀려난 죄수

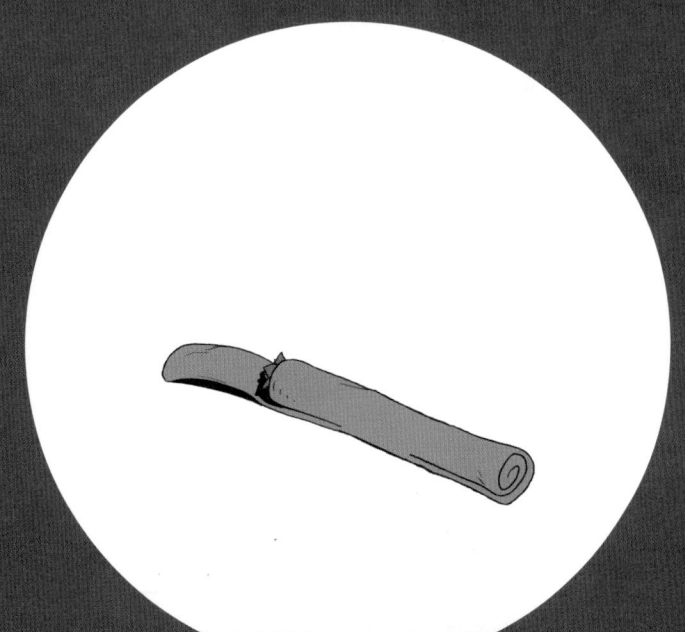

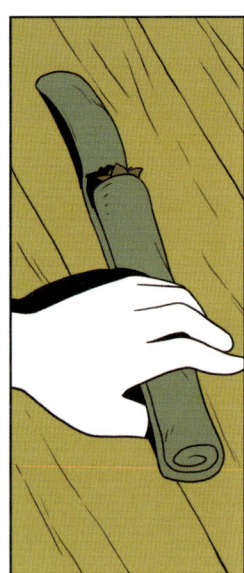

후우…

음?

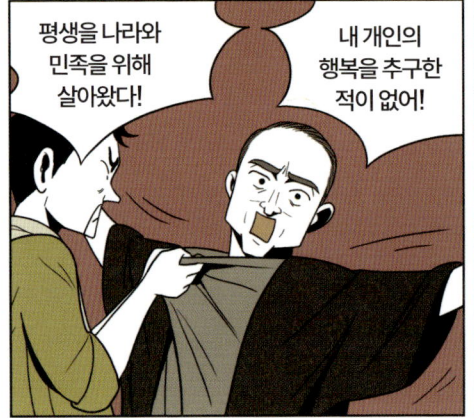

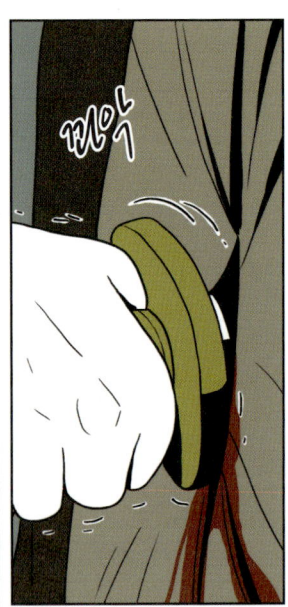

• 요세푸스, 『요세푸스 III: 유대 전쟁사』(생명의말씀사, 2000) 2권 9장, 206.

때가 된 것 같습니다.

로마는 더 이상 하나님께 속한 이 나라를 다스릴 권한이 없음이 분명해졌습니다.

혁명가 아브라함을 기억하실 겁니다. 오늘 그 아브라함의 아들이…

빌라도를 처단하기 위해 세상으로 나왔습니다.

와아아 아아아아!!

포…
폭동이다!!

하지만…

유월절을 앞두고 대폭 증강된
로마군을 꺾기엔 역부족이었다.

여호수아 대장, 아니 바라바는
시므온의 엄호 속에서

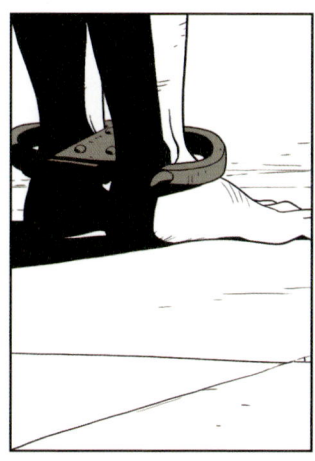

• 마가복음 15:7(개역개정)
•• 누가복음 23:19(표준새번역)

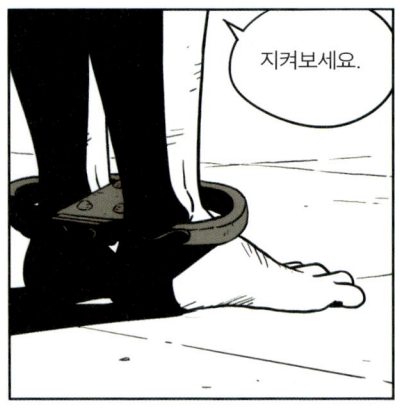

여호수아 대장은
이해가 가질 않았다.

그는 자기가 할 일을 지켜보라 해놓고는
그냥 반역자로 처형됐다.
그게 다라니….

빌라도는 계속 폭정을 일삼다가
그 후 수년 뒤(기원후 36-37년),
티베리우스 황제에 의해 해임되고,
유배 보내어진다.*

교회사가 유세비우스에 따르면 빌라도는
자살로 생을 마감했다고 한다.**

40년 쯤 뒤에(기원후 70년),
예루살렘 성전은 로마 군대에 의해
완전히 무너져서 멸망당한다.***

• H. W. Hoehner, 『예수 복음서 사전』(요단, 2003)의 기고문, 421.
•• 유세비우스, 『유세비우스의 교회사』(은성, 1990), 100-101.
••• 요세푸스, 『요세푸스 III: 유대 전쟁사』(생명의말씀사, 2000) 6권 6-9장, 587-600.

예수 시대 역사 스릴러
의인을 찾아서

Copyright ⓒ 김민석 2017

1쇄 발행 2017년 7월 14일
5쇄 발행 2022년 5월 24일

지은이 김민석·마빈
펴낸이 김요한
펴낸곳 새물결플러스

편 집 왕희광 정인철 노재현 정혜인 이형일 나유영 노동래
디자인 박인미 황진주
마케팅 박성민 이원혁
총 무 김명화 이성순
영 상 최정호 곽상원
아카데미 차상희

홈페이지 www.holywaveplus.com
이메일 hwpbooks@hwpbooks.com
출판등록 2008년 8월 21일 제2008-24호
주 소 (우) 04118 서울시 마포구 마포대로19길 33
전 화 02) 2652-3161
팩 스 02) 2652-3191

ISBN 979-11-6129-023-2 07230

책값은 뒤표지에 있습니다.